3/17

D1567112

FEAPS valora muy positivamente la iniciativa de Editorial Juventud de publicar este libro de Isabelle Carrier. En él, mediante una simple metáfora, se ponen de manifiesto algunos aspectos importantes de la vida de las personas: el valor de todas ellas por encima de sus condiciones y capacidades, que todas tienen sus puntos fuertes, y con los apoyos adecuados todos podemos mejorar nuestra vida. Por eso desde FEAPS te invitamos a ser una de esas personas extraordinarias que saben apreciar a todos los «Lorenzos» que arrastran su cazo por el mundo.

FEAPS (Confederación Española de Organizaciones en favor de las personas con Discapacidad Intelectual)

*Para Anne Joneau,*
*nuestra buena estrella.*

Título original: La petite casserole d'Anatole
© Bilboquet-Valbert, 2009
© EDITORIAL JUVENTUD, S. A., 2010
Provença, 101 - 08029 Barcelona
info@editorialjuventud.es
www.editorialjuventud.es

Traducción de Élodie Bourgeois
Primera edición, marzo de 2010
Segunda edición, noviembre de 2010
Tercera edición, 2011
Cuarta edición, 2012
Quinta edición, 2013
Sexta edición, 2014
DL B. 3.665-2012
ISBN 978-84-261-3781-4
Núm. de edición de E. J.: 12.859
*Printed in Spain*

# El cazo de Lorenzo

Isabelle Carrier

**editorial juventud**

Barcelona

Crrr...

...

Lorenzo siempre arrastra
un cazo detrás de él.

El cazo se le cayó
un día encima…
No se sabe muy bien
por qué.

A causa de este cazo,
Lorenzo ya no es del todo
como los demás.

Necesita mucho cariño.

A veces es casi molesto.

Es muy sensible

y tiene un gran sentido artístico.

Le encanta escuchar
música.

Tiene un montón
de cualidades.

Pero a menudo
las personas solo ven
ese cazo que arrastra
por todas partes.

Y lo encuentran raro…

... incluso un poco inquietante.

Además, su cazo
le complica la vida.

Crrr...

¡Hop!

Se atasca en todas partes...

... y le impide avanzar.

¡Clinc!

Poca gente se da cuenta
de que Lorenzo

tiene que hacer
el doble de esfuerzo
que los demás
para llegar.

Y cuando no lo consigue,
se pone terriblemente
furioso.

Y entonces grita.

O dice palabrotas,

o, incluso, a veces, pega...

… y, por supuesto, se hace regañar.

A Lorenzo
le gustaría librarse
de ese cazo,

pero es imposible.

El cazo está ahí,
y eso no tiene remedio.

Un día, está tan harto
que decide esconderse.

Piensa que de esta manera
las cosas serán más sencillas.

Y se queda así durante
mucho tiempo.

Poco a poco,
la gente se olvida de él…

… y no le preguntan nada
ni le hacen caso.

Pero las cosas no son así de sencillas,
afortunadamente…

Existen personas
extraordinarias.

Basta con cruzarse con una…

... para volver a tener ganas
de sacar la cabeza del cazo.

Ella le enseña a espabilarse
con su cazo.

Le muestra sus puntos fuertes.

Le ayuda a expresar
sus miedos.

¡Qué bonito!

Ella cree que tiene
mucho talento.

Lorenzo vuelve a estar alegre.

¡Toma!

Ella le hace una bolsita
para su cazo.

Y después se separan.

El cazo sigue estando ahí,

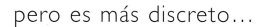

pero es más discreto…

¡Voy!

… y sobre todo,
¡ya no se atasca
en todas partes!

Por fin, Lorenzo puede jugar con los demás.

Ahora le encuentran
un montón de cualidades.

No obstante...

… Lorenzo sigue siendo el mismo.

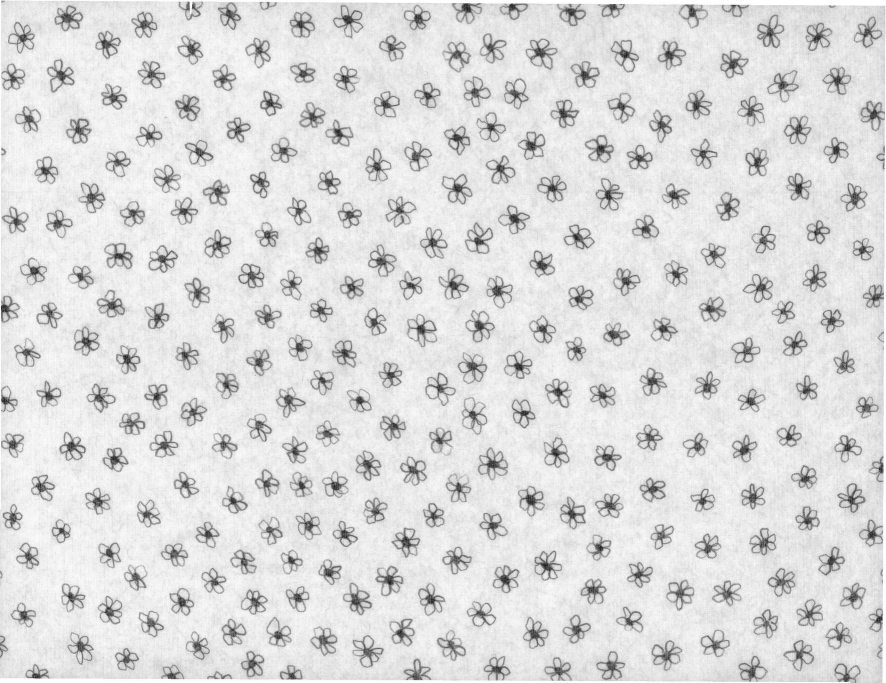